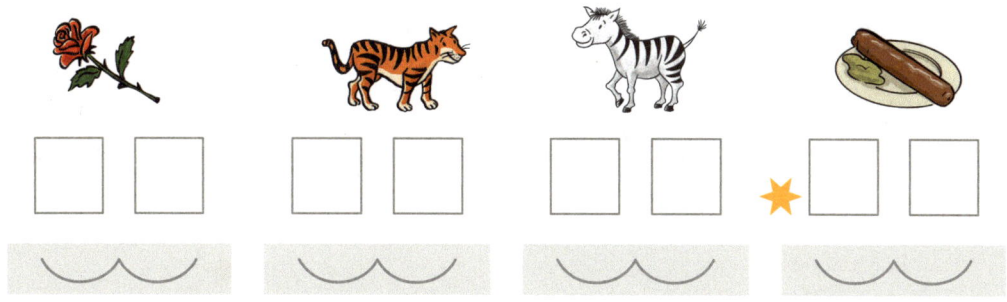

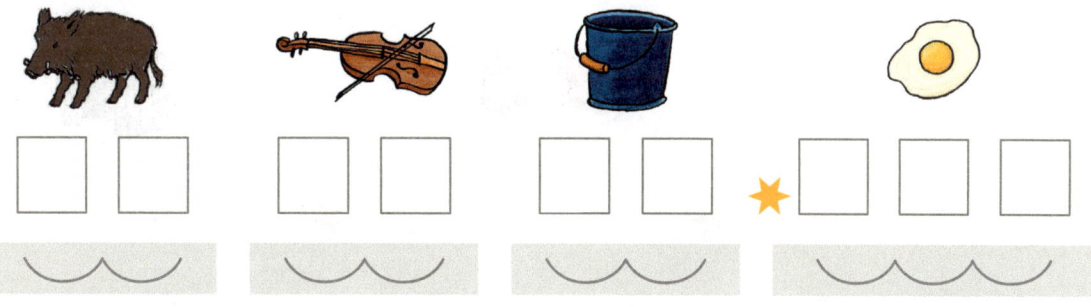

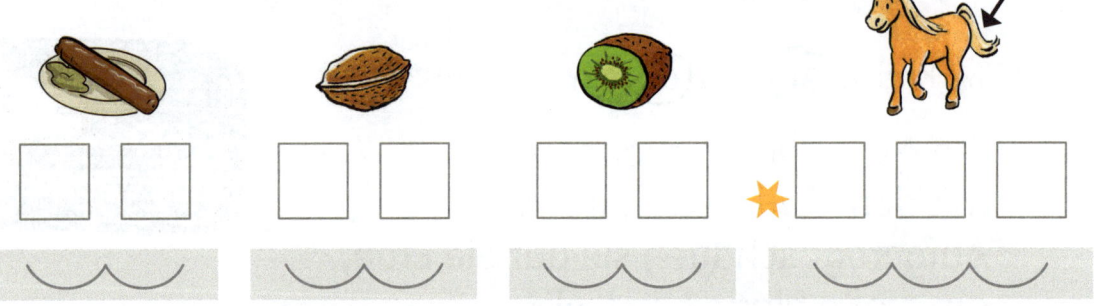

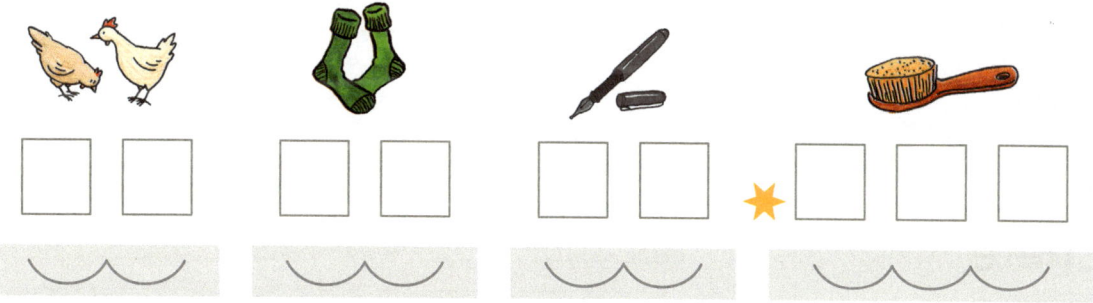

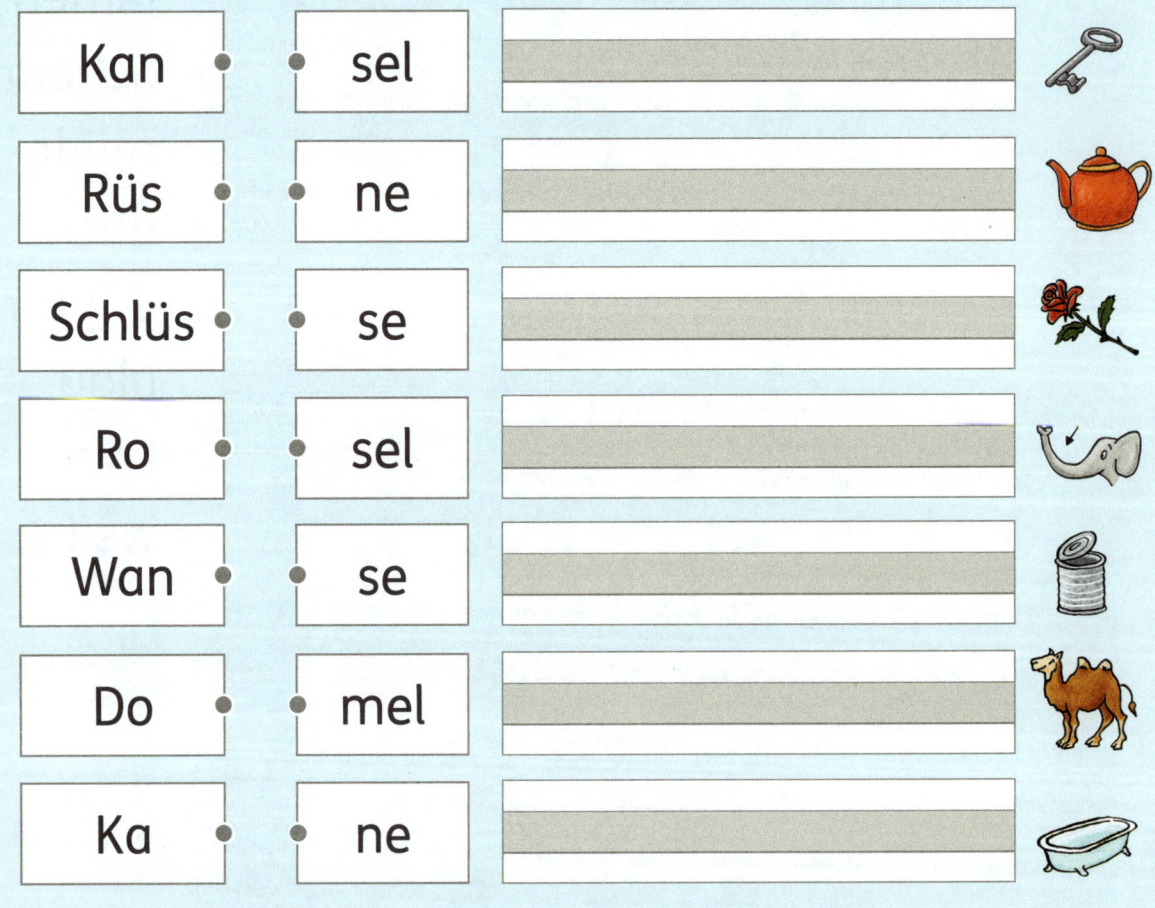

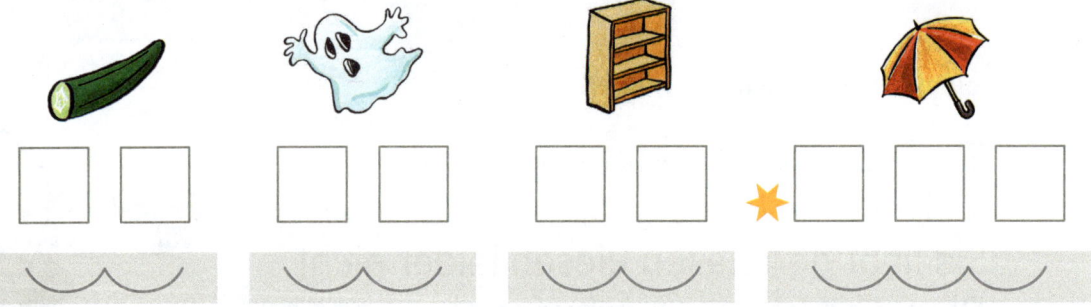

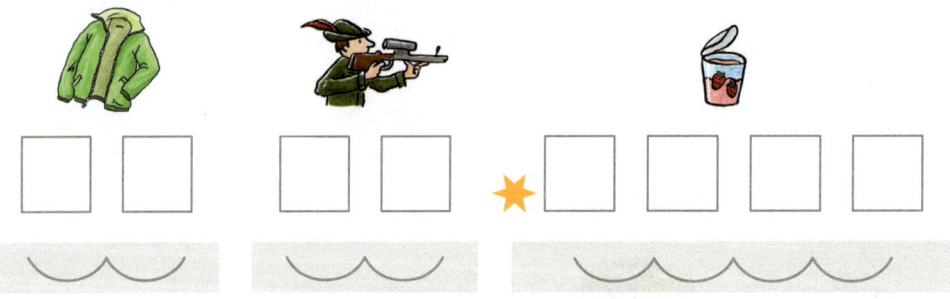

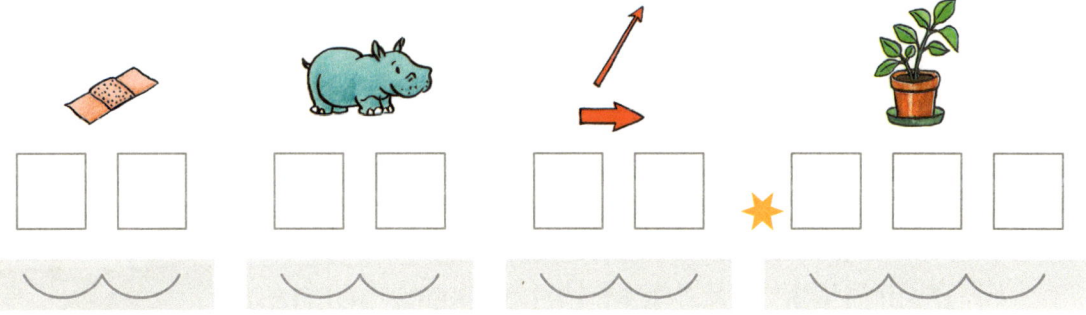

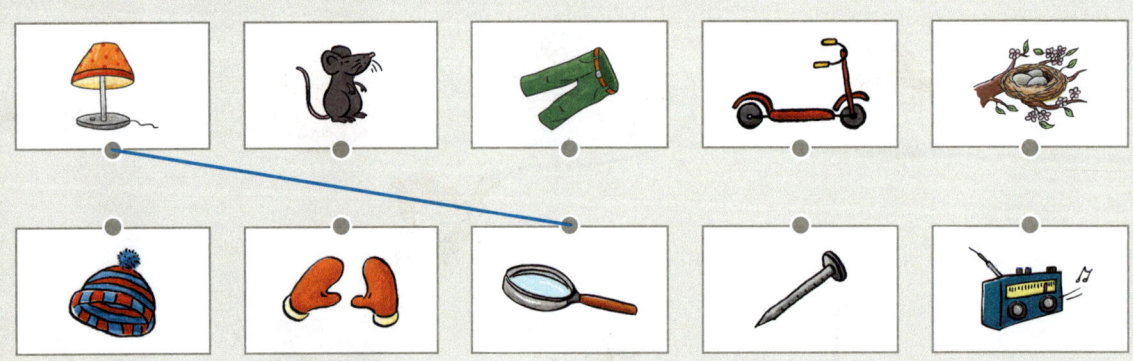

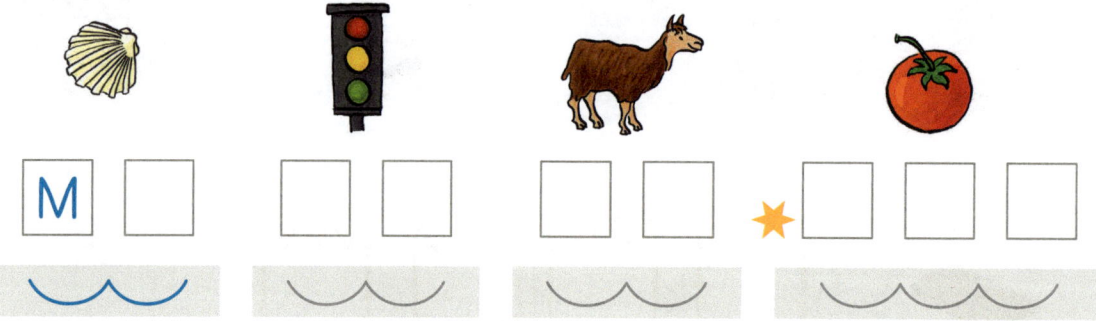

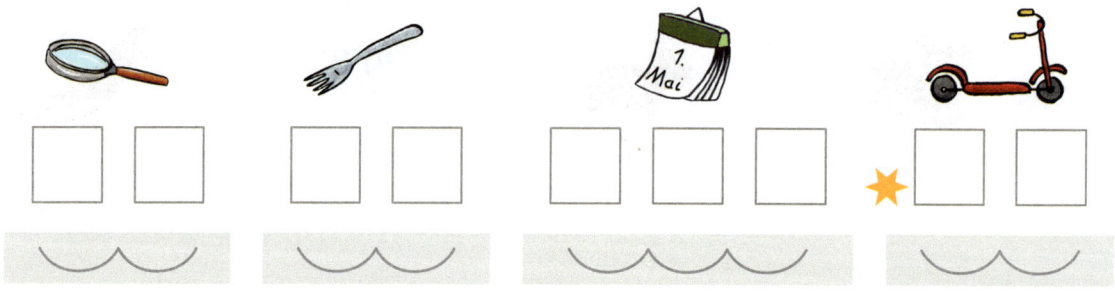

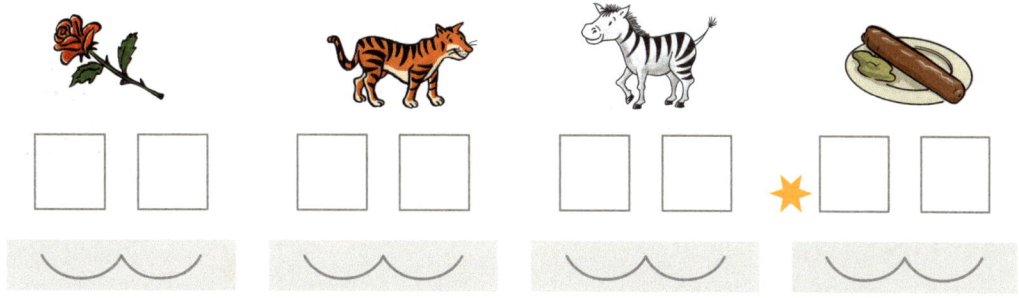

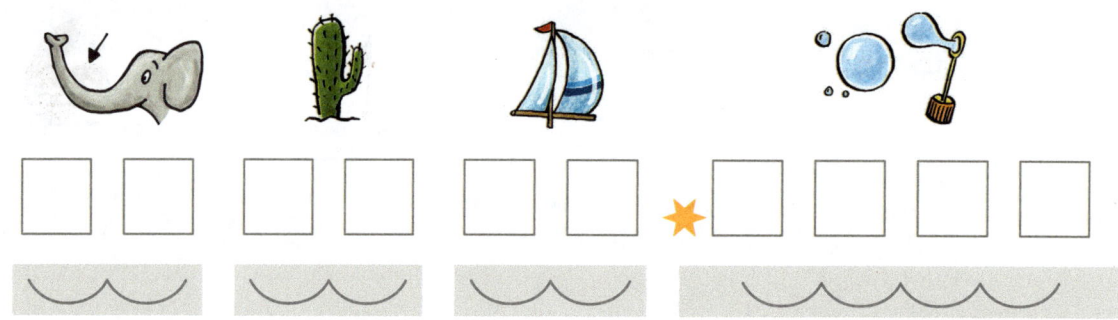

ÜBEN
Wörter schreiben

1 ✏️ ✏️ Wie heißt das Wort? Verbinde und schreibe.

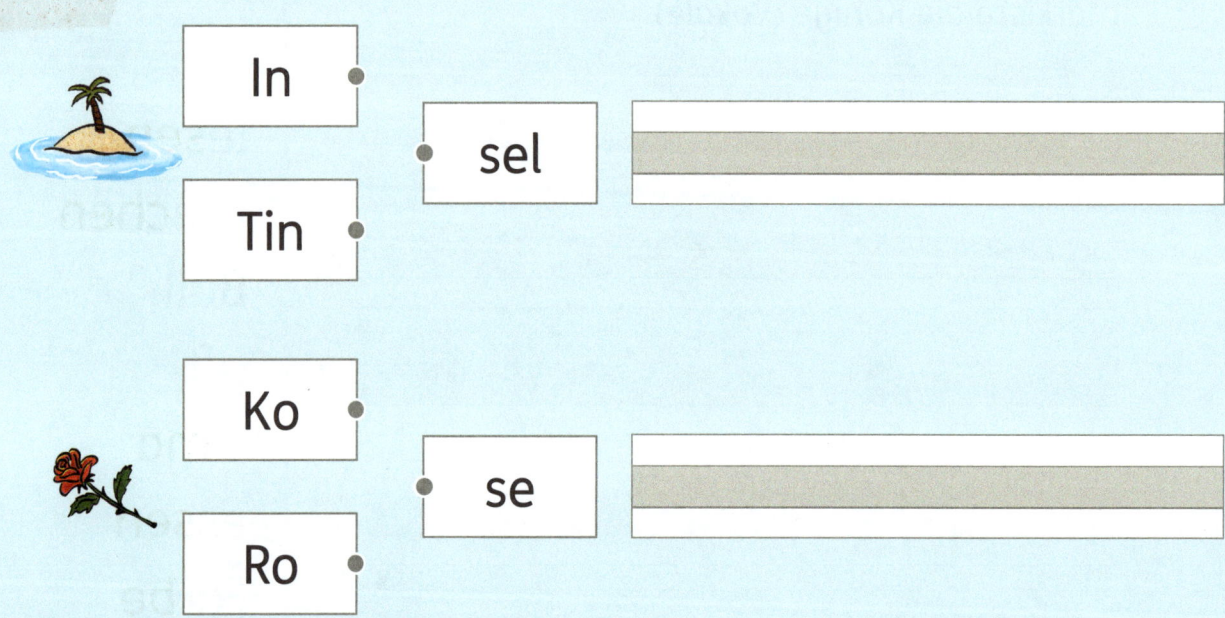

| In |
| Tin |

sel

| Ko |
| Ro |

se

2 ✏️ ✏️ Welche Wörter findest du? Male an und schreibe.

Ei	Kis	Ka
Kof	mer	fer
Buch	te	mel

30

D d

1 ✏ Schreibe.

> Dd ……………………………………………… Dd
>
> Dino …………………………………………………………
>
> bald …………………………………………………………
>
> Dusche …………………………………………………………
>
> Dach …………………………………………………………

2 ✏ Kreise Ⓓ und ⓓ ein.

B	D	C	P	D	Ɔ		Ɔ	a	b	ɒ	ɒ	c
P	Ɔ	D	B	ꓷ	ꓷ		q	b	d	c	d	a
D	P	C	D	Ɔ	P		b	c	d	c	ɔ	q

3 👂 📝 In welcher Silbe klingt D, d? Höre und schreibe D, d.

32

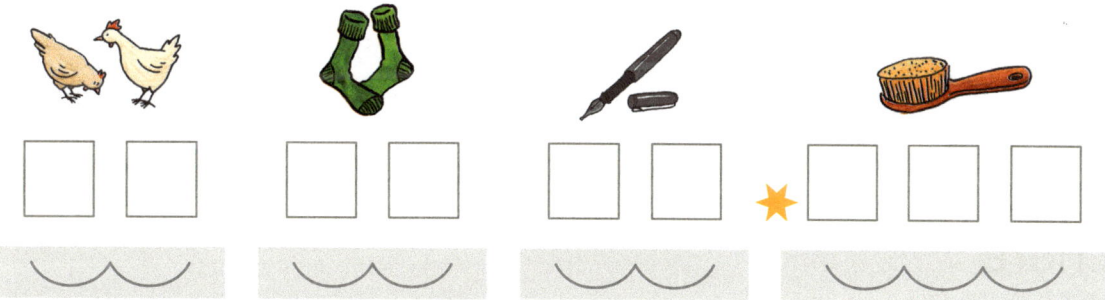

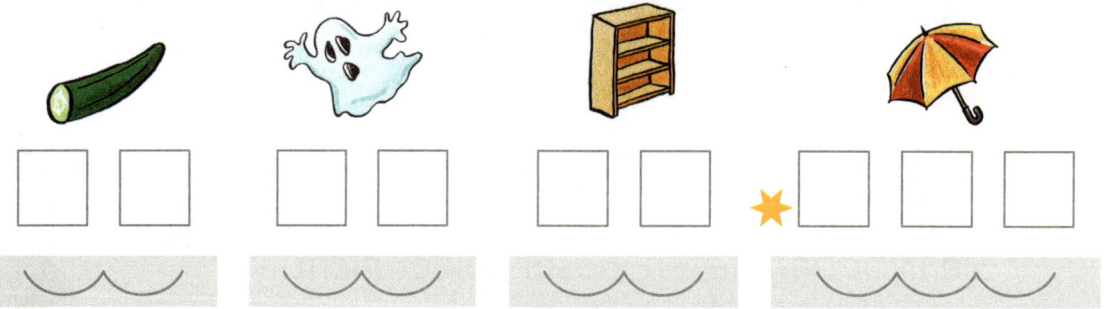

Inhalt

Hallo! Ich bin Piri, das schlaue Wiesel.

1

Vorkurs
Könige erkennen

☐ **1** 👂📝✏️ Welchen König (Vokal) hörst du? Schreibe und kreise ein.

🦔	**I**	(Imker)	Zebra	Iglu
🐜		Apfel	Arzt	Schaf
👴		Ohr	Hase	Brot
🛸		Unterhose	Würfel	Uhr
🫏		Löffel	Erdbeere	Elefant

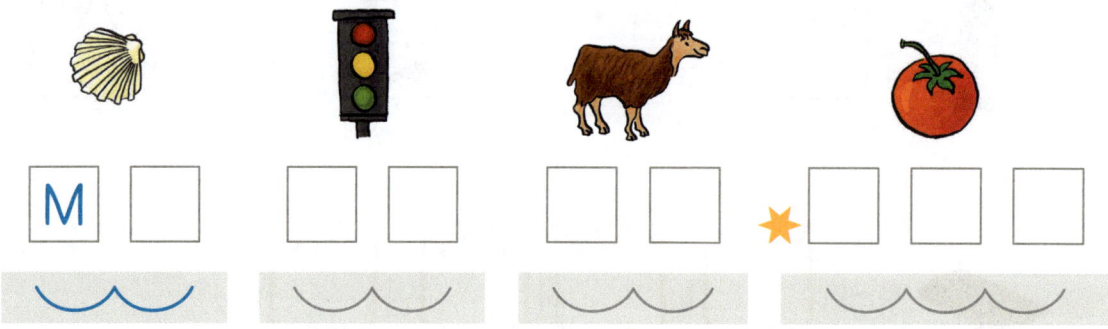

ÜBEN
Wörter schreiben

☐ 1 ✐ Schreibe.

Mama

Alma

Lama

Oma

Maler

Rolle

Tim

Taler

Ort

Torte

Ritter

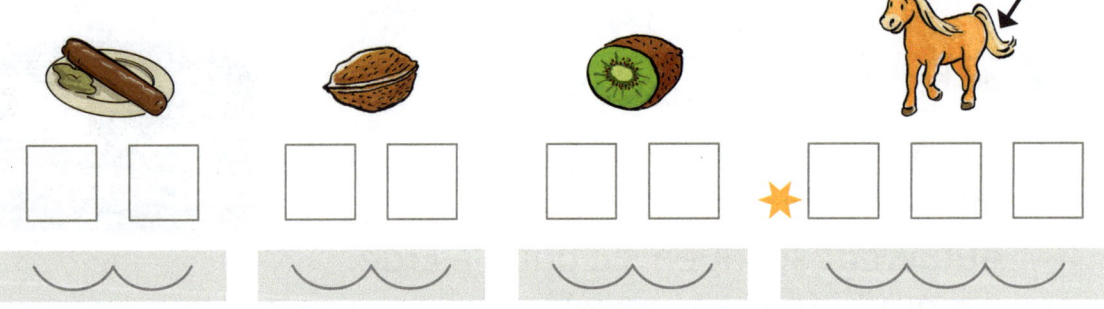

ÜBEN
Wörter schreiben

1 ✎ Wie heißt das Wort? Verbinde und schreibe.

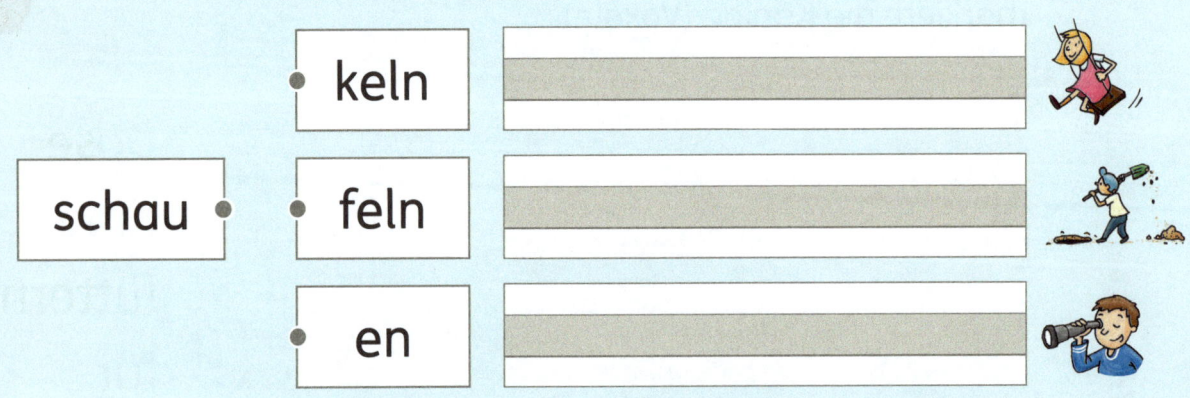

keln

schau • • feln

• en

2 ✎ Wie heißt das Wort? Verbinde und schreibe.

Kan •	• sel	
Rüs •	• ne	
Schlüs •	• se	
Ro •	• sel	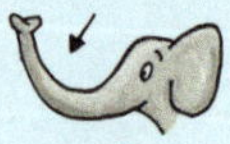
Wan •	• se	
Do •	• mel	
Ka •	• ne	

Vorkurs
Das kann ich schon

1 ✎ Male weiter.

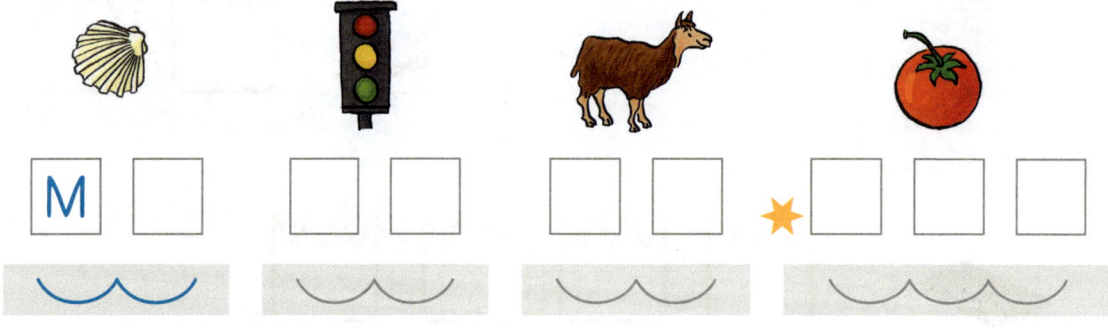

1 ✐ Schreibe.

Aa   Aa

am

Mama

2 ○✐ Kreise Ⓐ und ⓐ ein.

V A H A M V A N A d a b a d a c b a p q a c

3 ☊ ✕✐ Hörst du A, a im Wort? Kreuze an.

☐   ☐   ☐   ☐

4 ☊ ✐ In welcher Silbe klingt A, a? Höre und schreibe A, a.

☐ ☐   ☐ ☐   ☐ ☐   ★☐ ☐ ☐

1 🖊 Schreibe.

Il   I

ii   i

Mia

immer

2 ✏ Kreise ⓘ und ⓘ ein.

T	I	L	T	F	D		⊣	e	r	t	t	i
T	⊥	J	I	I	F		j	l	i	t	f	t
E	Z	I	⊣	I	L		i	j	⊣	t	⊢	i
I	U	T	⊥	T	I		l	i	t	i	p	t
L	⊢	U	T	I	K		⊢	l	l	t	l	t

3 🔊 ✎ In welcher Silbe klingt I, i? Höre und schreibe I, i.

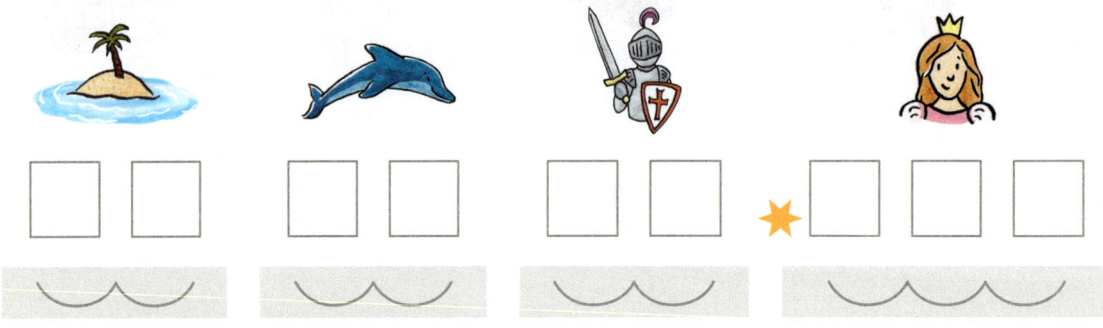

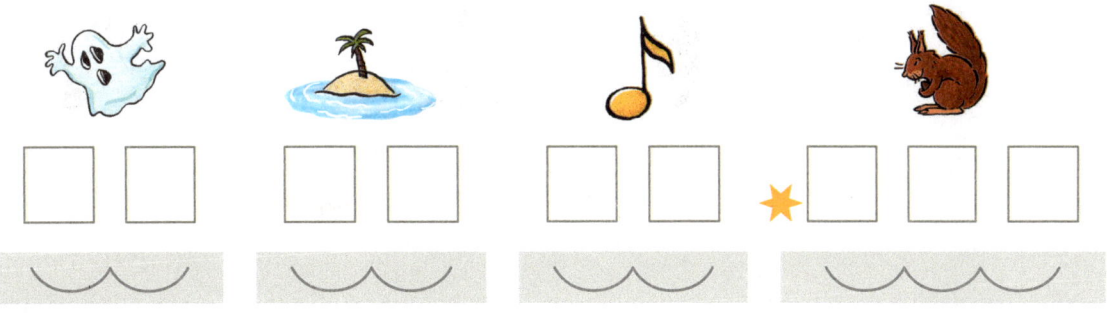

☐ **1** 🖊 Schreibe.

🏠 Bb   Bb 🏠

🏠 Bus 🏠

🏠 bei 🏠

🏠 oben 🏠

🏠 Nebel 🏠

☐ **2** 🖊 Kreise Ⓑ und Ⓑ ein.

B	A	L	L	P	⊃		q	d	n	b	a	d
O	B	D	B	D	P		e	b	a	b	d	o
O	N	P	B	O	D		p	d	b	b	⊃	d

☐ **3** 👂 ✏️ In welcher Silbe klingt B, b? Höre und schreibe B, b.

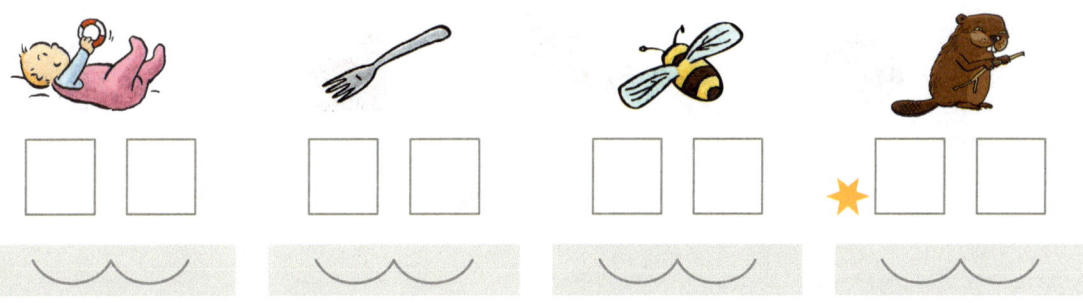

☐☐   ☐☐   ☐☐   ⭐☐☐

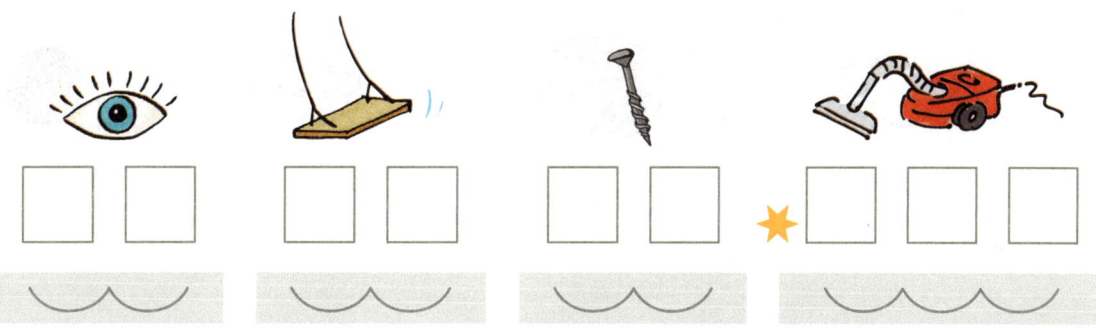

Inhalt

> Hallo! Ich bin Piri, das schlaue Wiesel.

Vorkurs
Das kann ich schon

☐ **1** ✎ Male weiter.

⋀⋀⋀

‿‿‿

⌒⌒⌒

COC

|||

SSS

ℓℓℓ

Vorkurs
Reimwörter sprechen

1 👂 ✏️ Ein Wort passt nicht. Streiche es durch.

2 👂 ✏️ Was reimt sich? Kreise ein.

3

Vorkurs
Silben schwingen

1 👄 〰 Schwinge.

2 👄 〰 ✏ Schwinge und verbinde.

Vorkurs
Gleiche Anlaute erkennen

1 Was klingt am Anfang gleich? Kreise ein.

Vorkurs
Gleiche Anlaute erkennen

1 ✏️ Was klingt am Anfang gleich? Verbinde.

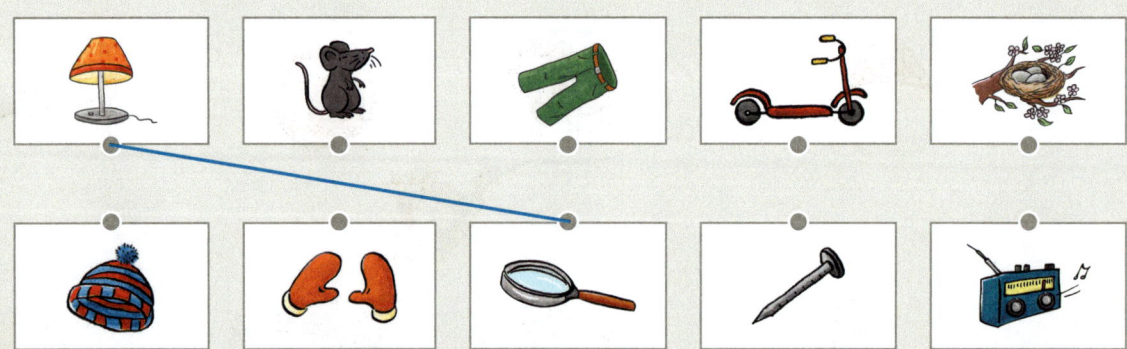

2 ✏️ Was klingt am Anfang gleich? Verbinde.

3 ✏️ Was klingt am Anfang gleich? Verbinde.

Vorkurs
Könige erkennen

A E I O U

□ **1** 👂 📝 ✏ Welchen König (Vokal) hörst du? Schreibe und kreise ein.

	I			

Vorkurs
Könige erkennen

a   e   i   o   u

1 👁 ✏️ Markiere die Könige (Vokale).

Sofa   Hut   Esel

Salat   Tiger   Ufo

2 🗣 📝 Welche Könige (Vokale) hörst du? Schreibe.

u e

Vorkurs
Könige erkennen

a  e  i  o  u

☐ **1** 👂 📝 Welche Könige (Vokale) hörst du? Schreibe.

Z e br a

Bl ☐ m

M ☐ nd

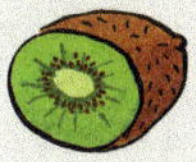

K ☐ w ☐

F ☐ sch

Sch ☐ r

L ☐ m ☐

H ☐ s ☐

T ☐ rm

P ☐ r ☐

Sch ☐ k ☐ l ☐ d ☐

M m

☐ **1** ✏ Schreibe.

M M   M

m m   m

M m   M m

☐ **2** ✏ Kreise Ⓜ und ⓜ ein.

Ⓜ K A M H U N M M W n m r m w n r m l m v

☐ **3** 👂 ✏ Hörst du M, m im Wort? Kreuze an.

☒   ☐   ☐   ☐

☐ **4** 👂 ✏ In welcher Silbe klingt M, m? Höre und schreibe M, m.

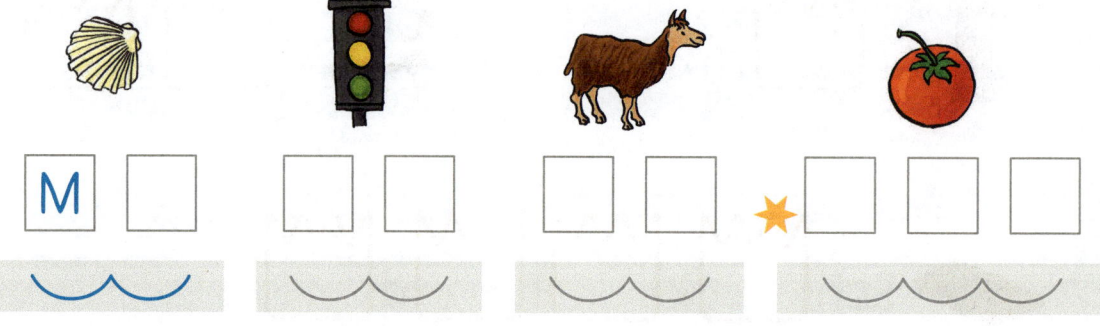

M ☐   ☐ ☐   ☐ ☐   ⭐ ☐ ☐ ☐

1 ✎ Schreibe.

Aa   Aa

am

Mama

2 ✎ Kreise Ⓐ und ⓐ ein.

V A H A M V A N A d a b a d a c b a p q a c

3 ✎ Hörst du A, a im Wort? Kreuze an.

☐   ☐   ☐   ☐

4 ✎ In welcher Silbe klingt A, a? Höre und schreibe A, a.

L l

1 ✏ Schreibe.

Ll   Ll

Lama

Lamm

2 ✏ Kreise Ⓛ und ⓛ ein.

| L T I F L F L T L T I F I F j l t j l f l f l t f j l t f l |

3 ✏ Hörst du L, l im Wort? Kreuze an.

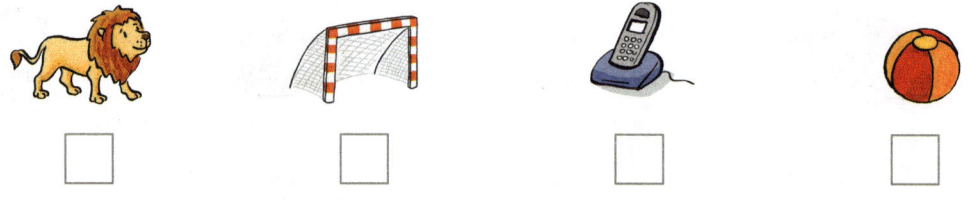

☐   ☐   ☐   ☐

4 ✏ In welcher Silbe klingt L, l? Höre und schreibe L, l.

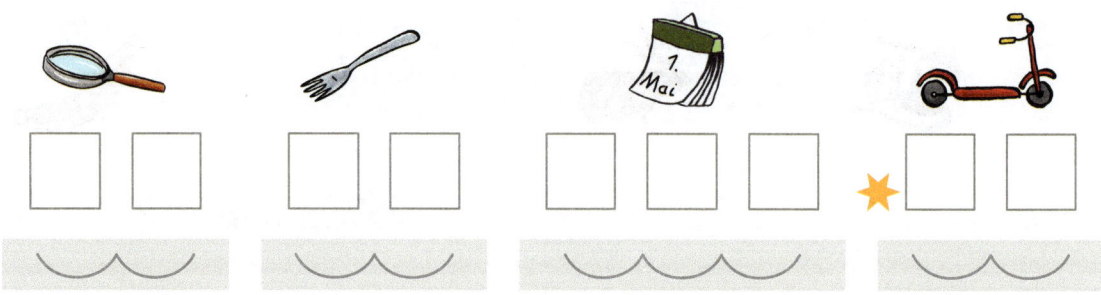

☐ ☐   ☐ ☐   ☐ ☐ ☐   ⭐ ☐ ☐

‿ ‿   ‿ ‿   ‿ ‿ ‿   ‿ ‿

12

1 ✎ Schreibe.

Ee   Ee

Lea

Ella

2 ✎ Kreise Ⓔ und ⓔ ein.

F E E K E T L E E T F L e a o e c e s o c e s e a a e

3 👂 ✗✎ Hörst du E, e im Wort? Kreuze an.

☐   ☐   ☐   ☐

4 👂 ✎ In welcher Silbe klingt E, e? Höre und schreibe E, e.

1 ✏ Schreibe.

Oo   Oo

Oma

Leo

2 ✏ Kreise Ⓞ und ⓞ ein.

FotoRoboterTomateSofaOfenLottoOpaDinoOmaMelone

3 👂 ✗✏ Hörst du O, o im Wort? Kreuze an.

☐   ☐   ☐   ☐

4 👂 ✏ In welcher Silbe klingt O, o? Höre und schreibe O, o.

☐ ☐   ☐ ☐   ⭐ ☐ ☐   ⭐ ☐ ☐ ☐

1 ✏ Schreibe.

Rr   Rr

Roller

Arm

2 ✏ Kreise Ⓡ und ⓡ ein.

R B D G R P R K B R P R h o r i m r r i o r m r o n o r

3 👂 ✗✏ Hörst du R, r im Wort? Kreuze an.

☐   ☐   ☐   ☐

4 👂 ✎ In welcher Silbe klingt R, r? Höre und schreibe R, r.

☐ ☐   ☐ ☐   ☐ ☐   ⭐ ☐ ☐

15

1 ✎ Schreibe.

Ll

ii   i

Mia

immer

2 ✎ Kreise **l** und **i** ein.

T	I	L	T	F	D		ꓶ	e	r	t	t	i
T	ꓕ	J	I	I	F		j	l	i	t	f	t
E	Z	I	ꓶ	I	L		i	j	ꓶ	t	ꓤ	i
I	U	T	ꓕ	T	I		l	i	t	i	p	t
L	ꓤ	U	T	I	K		ꓤ	l	l	t	l	t

3 🎧 ✎ In welcher Silbe klingt I, i? Höre und schreibe I, i.

1 ✏ Schreibe.

Tt   Tt

Tor

mit

2 ✏ Kreise Ⓣ und ⓣ ein.

TorteTomatensalatButterSaftrotTeeTorRatAutoMalkasten

3 ✏ Hörst du T, t im Wort? Kreuze an.

☐   ☐   ☐   ☐

4 ✏ In welcher Silbe klingt T, t? Höre und schreibe T, t.

☐ ☐   ☐ ☐   ☐ ⭐ ☐   ☐ ☐

1 ✎ Schreibe.

Mama

Alma

Lama

Oma

Maler

Rolle

Tim

Taler

Ort

Torte

Ritter

ÜBEN
Wörter schreiben

1 ✏️ Was gehört zusammen? Verbinde.

Lo		Ror
Ro		Mor
Mo		Tor

| Tol |
| Rol |
| Mol |

2 ✏️ Welche Wörter findest du? Male an und schreibe.

Li	La	ma
ma	To	mo
Trom	te	mel

U u

1 ✏ Schreibe.

Uu   Uu

Uli

um

Mut

Murmel

2 ✏ Kreise Ⓤ und ⓤ ein.

D	O	U	V	U	W		n	v	u	w	m	u
O	U	D	W	U	O		w	u	n	>	u	w
V	U	W	U	W	D		u	n	u	m	u	m

3 🔊 ✏ In welcher Silbe klingt U, u? Höre und schreibe U, u.

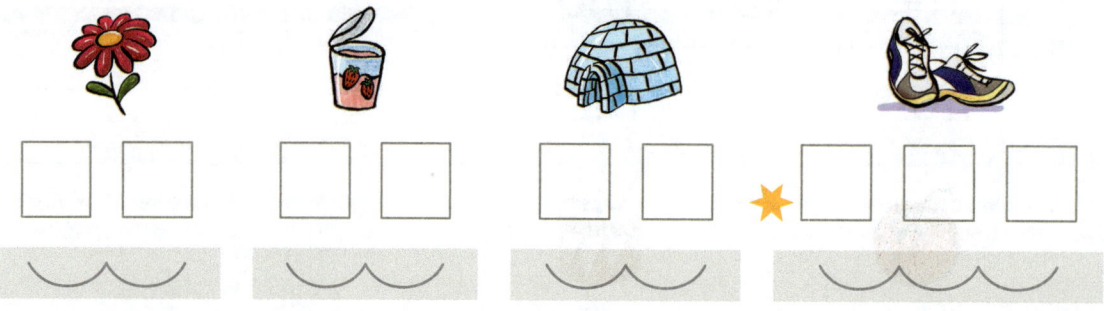

20

☐ **1** 🖊 Schreibe.

Nn   Nn

in

nun

Name

Ton

☐ **2** ✏ Kreise Ⓝ und ⓝ ein.

V	N	U	N	W	M		n	u	v	w	m	n
N	Λ	N	W	U	N		w	u	n	v	n	u
W	M	N	<	N	V		u	w	ɯ	n	ʍ	n

☐ **3** 🎧 ✏ In welcher Silbe klingt N, n? Höre und schreibe N, n.

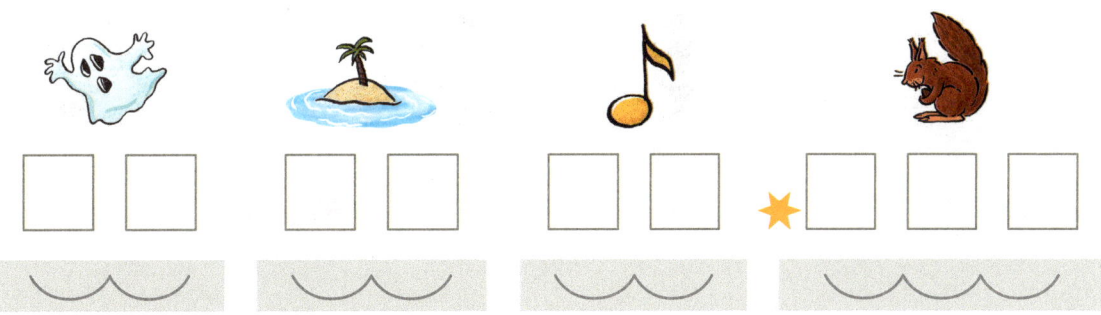

☐ ☐   ☐ ☐   ☐ ☐   ⭐ ☐ ☐ ☐

S s

□ **1** ✏ Schreibe.

Ss   Ss

ist

satt

Sonne

Salat

□ **2** ✏ Kreise ⓢ und ⓢ ein.

S	C	S	ς	D	Z		c	z	∩	s	c	z
B	S	R	S	R	D		ß	s	c	s	z	o
B	P	5	ς	B	R		5	z	s	s	∪	z

□ **3** 🗣 ✏ In welcher Silbe klingt S, s? Höre und schreibe S, s.

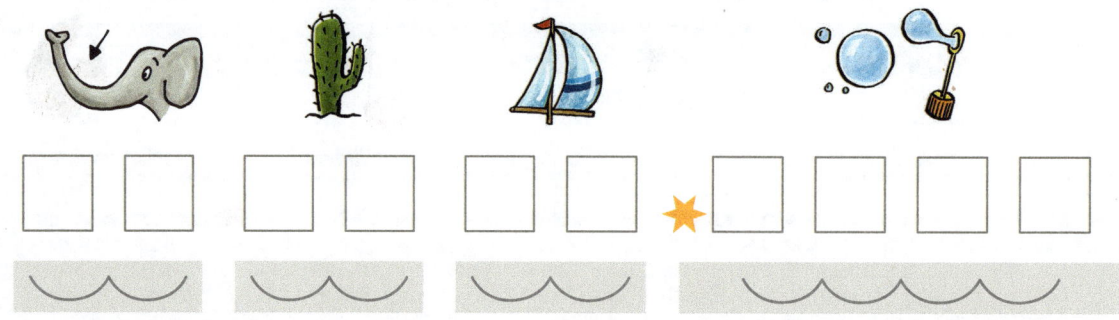

  **Ei ei**

1 ✏ Schreibe.

Ei Ei

ei ei

Eis

ein

Eier

2 ✏ Kreise (Ei) und (ei) ein.

ein Ei	mein Eimer	meine Eier	eine Ente
ein Eis	ein Seil	eine Reise	meine Leine
mein Bein	eine Biene	eine Meise	ein Stein

3 👂 ✏ In welcher Silbe klingt Ei, ei? Höre und schreibe Ei, ei.

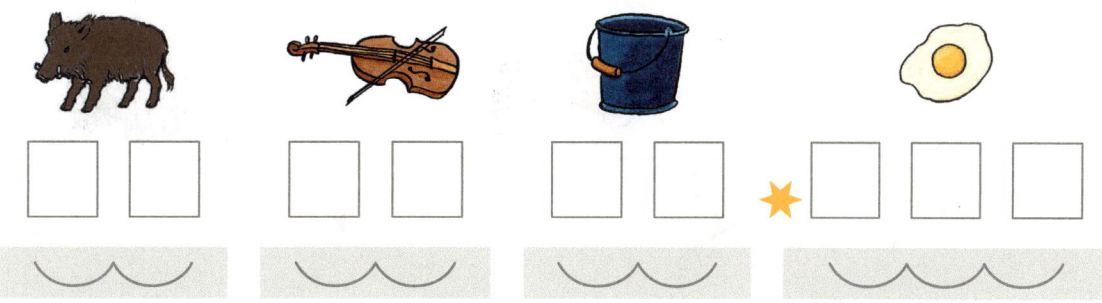

H h

1 ✏ Schreibe.

Hh   Hh

Hut

holen

sehen

Hase

2 ✏ Kreise (H) und (h) ein.

I	F	L	H	E	T		n	m	⊃	h	l	t
F	H	T	L	H	E		u	h	n	t	h	f
H	N	F	4	L	H		t	n	h	m	⊏	h

3 👂 ✏ In welcher Silbe klingt H, h? Höre und schreibe H, h.

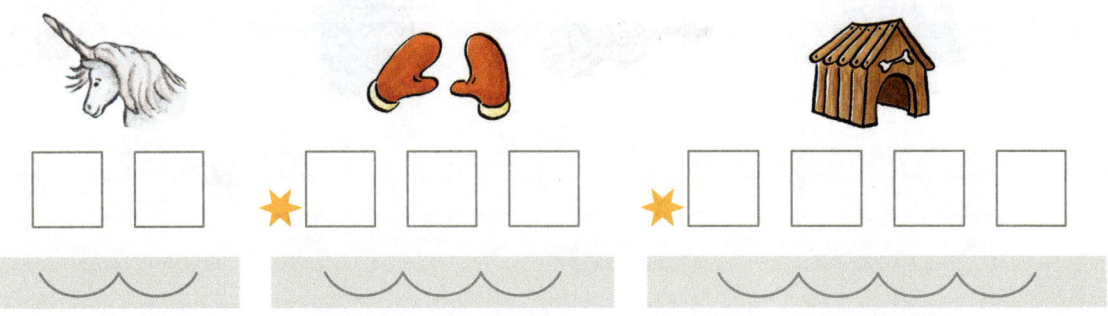

☐ **1** ✎ Schreibe.

Bb   Bb

Bus

bei

oben

Nebel

☐ **2** ✎ Kreise Ⓑ und ⓑ ein.

B	A	L	L	P	◡		q	d	n	b	a	d
O	B	D	B	D	P		e	b	a	b	d	o
O	N	P	B	O	D		p	d	b	b	◠	d

☐ **3** 👂 ✎ In welcher Silbe klingt B, b? Höre und schreibe B, b.

☐ ☐   ☐ ☐   ☐ ☐   ★ ☐ ☐

Ch -ch

1 🖊 Schreibe.

Ch ch

China

Buch

nicht

macht

2 ✏ Kreise (Ch) und (ch) ein.

Ck	CK	Ch	∩	O	D		o	ch	o	ck	ʊ	ch
Ch	Ck	O	Ch	Ck	Ch		k	ch	o	ck	e	h
◡	Ck	Ch	Ck	Ch	C		ch	ch	e	h	ck	a

3 👂 📝 In welcher Silbe klingt Ch, ch? Höre und schreibe Ch, ch.

26

1 ✏ Schreibe.

Ff   Ff

fein

Ufo

Feder

Film

2 ✏ Kreise (F) und (f) ein.

T	F	E	⌐	K	F		i	f	ꟻ	f	⌐	f
L	F	K	Ǝ	T	F		k	t	f	k	f	l
T	⌐	K	F	L	F		⌐·	f	k	f	i	l

3 🗩 ✏ In welcher Silbe klingt F, f? Höre und schreibe F, f.

ÜBEN
Wörter schreiben

☐ **1** Schwinge, schreibe und markiere die Könige (Vokale).

bunt, Buch,

bunt
Buch
aber
nicht
fein
Name
Eis
eine
unter
ich
suchen
rufen
rechnen
arbeiten
alle

ÜBEN
Wörter schreiben

☐ **1** 〰 ✏ 👑 Schwinge, schreibe und markiere die Könige (Vokale).

le**se**n

ma**ch**en

Ball

oft

Oma

es**se**n

Far**be**

sehen

Son**ne**

rei**se**n

fal**le**n

Ufer

Ei**me**r

to**be**n

bas**te**ln

1 ✏️ Wie heißt das Wort? Verbinde und schreibe.

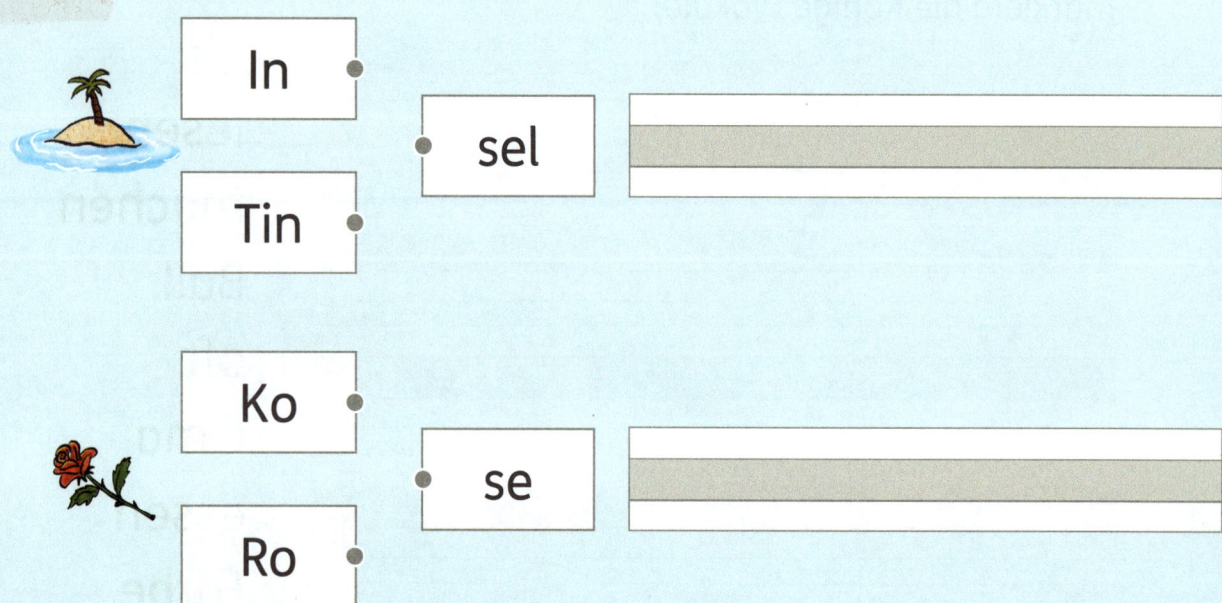

| In | | sel |
| Tin | | |

| Ko | | se |
| Ro | | |

2 ✏️ Welche Wörter findest du? Male an und schreibe.

Ei	Kis	Ka
Kof	mer	fer
Buch	te	mel

1 ✏ Schreibe.

Kk   Kk

Sch   Sch

sch   sch

Schoki

kochen

Kirsche

2 ✏ Kreise (Sch) und (sch) ein.

Schlaue Schnecken naschen nachts
Kirschen und Schokolade.

3 🎧 ✏ In welcher Silbe klingt K, k? Höre und schreibe K, k.

31

D d

☐ **1** Schreibe.

Dd Dd

Dino

bald

Dusche

Dach

☐ **2** Kreise D und d ein.

B	D	C	P	D	O	ɔ	a	b	a	d	c
P	Ɔ	D	B	O	ꓭ	q	b	d	c	d	a
D	P	C	D	O	P	b	c	d	c	ɒ	q

☐ **3** In welcher Silbe klingt D, d? Höre und schreibe D, d.

1 ✏ Schreibe.

Au au

Auto

Maus

blau

sauber

2 ✏ Kreise (Au) und (au) ein.

Die Astronauten brausen
mit dem Raumschiff ins All.
Aufgeregt schauen sie auf die Erde,
die große blaue Murmel.

3 👂 ✏ In welcher Silbe klingt Au, au? Höre und schreibe Au, au.

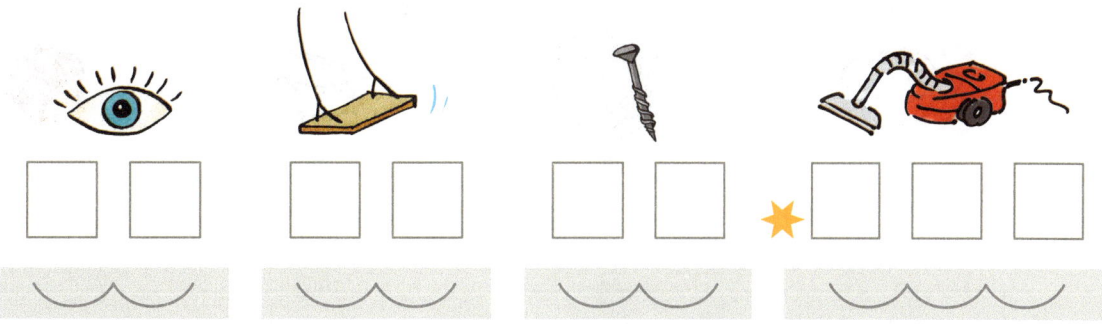

W w

☐ **1** ✏ Schreibe.

Ww   Ww

Wal

Wolke

Schwein

☐ **2** 🔊 ✏ In welcher Silbe klingt W, w? Höre und schreibe W, w.

☐ **3** 👓 ✏ Lies und verbinde.

| Wanne | Wolke | Wolle | Waffel |

34

1 ✏ Schreibe.

Üü　　　　　　　　　　　　　Üü

fünf

Küken

füttern

2 👂 ✍ In welcher Silbe klingt Ü, ü? Höre und schreibe Ü, ü.

3 ✏ Wie heißt das Wort? Verbinde und schreibe.

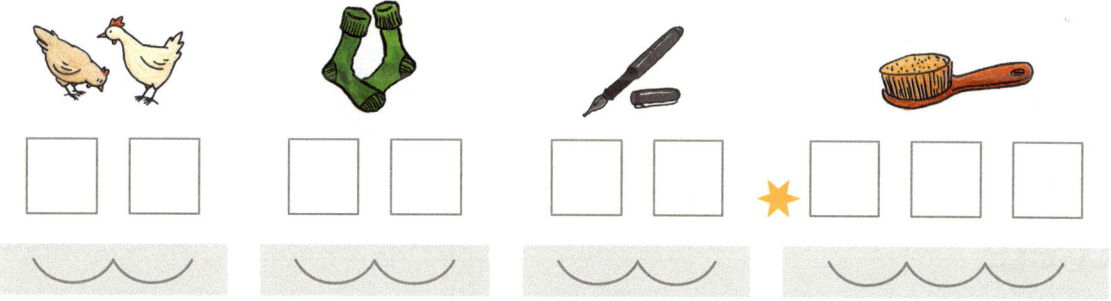

Bü •

Lo • • cher

Tü •

ÜBEN
Wörter schreiben

□ **1** ⌣ ✎ 👑✎ Schwinge, schreibe und markiere die Könige (Vokale).

wol**len**

Wort

üben

müs**sen**

Er**de**

Schu**le**

schrei**ben**

Nacht

A**u**t**o**

und

Sche**re**

wün**schen**

lau**fen**

ÜBEN
Wörter schreiben

□ **1** ⌣✎ 👑✎ Schwinge, schreibe und markiere die Könige (Vokale).

Dos**e**

Kind

füt**tern**

für

wan**dern**

ler**nen**

Schaum

mü**de**

auch

Win**ter**

blau

Land

weil

37

ÜBEN
Wörter schreiben

1 Wie heißt das Wort? Verbinde und schreibe.

	keln		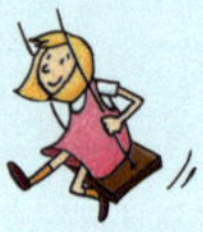
schau	feln		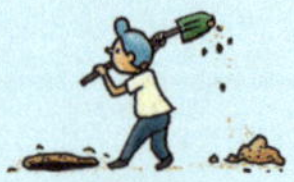
	en		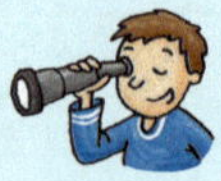

2 Wie heißt das Wort? Verbinde und schreibe.

Kan	sel		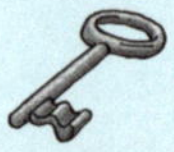
Rüs	ne		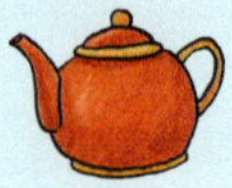
Schlüs	se		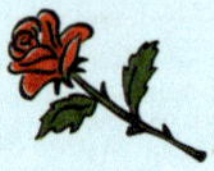
Ro	sel		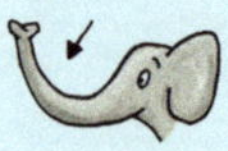
Wan	se		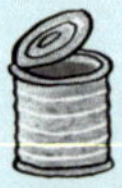
Do	mel		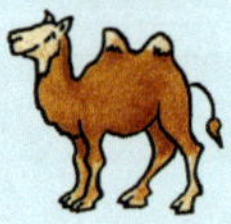
Ka	ne		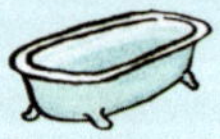

1 🖊 Schreibe.

P p   P p

Piri

Wiesel

sieben

Puppe

2 🖊 Kreise (ie) ein.

Ein fieser Riese weint und weint,
weil er eine Biene liebt.
Sie liebt den fiesen Riesen leider nicht.
Die Liebe ist schon schwierig!

3 🗣 📝 In welcher Silbe klingt P, p? Höre und schreibe P, p.

G g

1 ✏️ Schreibe.

Gg   Gg

Gras

gern

Gabel

2 👂 ✏️ In welcher Silbe klingt G, g? Höre und schreibe G, g.

3 ✏️ Wie heißt das Wort? Verbinde und schreibe.

Au	•	•	ke
Re	•	•	ge
Gur	•	•	gen

40

1 ✏ Schreibe.

Öö   Öö

schön

Löffel

Öffner

2 👂 ✍ In welcher Silbe klingt Ö, ö? Höre und schreibe Ö, ö.

3 ✏ ✏ Wie heißt das Wort? Verbinde und schreibe.

Lö ·	· chen		
Krö ·	· we		
Bröt ·	· te		

  **-ß**

1 ✏ Schreibe.

Eu eu

treu

süß   ß

gießen

2 ✏ Kreise (Eu) und (eu) ein.

Die kleine graue Eule seufzt tief.
Sie hat eine riesengroße Beule.

3 👓 ✏ Lies und schreibe.

weiß	groß	treu

Der Elefant ist _____ .

Die Taube ist _____ .

Der Hund ist _____ .

ÜBEN
Wörter schreiben

1 Schwinge, schreibe und markiere die Könige (Vokale).

ge**ben**

die Pup**p**e

süß

kön**nen**

das Ge**m**üse

die Leu**te**

der Fuß

pus**ten**

lie**ben**

der Freund

schön

ÜBEN
Wörter schreiben

☐ **1** ⌣ ✏ 👑✏ Schwinge, schreibe und markiere die Könige (Vokale).

das Geld

groß

das Auge

die Ampel

der Igel

die Freundin

der Löwe

die Eule

grün

hören

treu

der Euro

ÜBEN
Wörter schreiben

1 ✏️✏️ Wie heißt das Wort? Verbinde und schreibe.

es •

rei •

le •   • sen •

nie •

ra •

2 ✏️✏️ Welche Wörter findest du? Male an und schreibe.

Flö	ket	ball
Pa	Turn	tel
Fuß	beu	te

J j  -ng

☐ **1** ✏ Schreibe.

J j   J j

Jaguar

jung

☐ **2** 🗣 ✏ In welcher Silbe klingt J, j? Höre und schreibe J, j.

☐ **3** 👓 ✏ Wer macht was? Lies und schreibe.

| fangen | singen | springen |

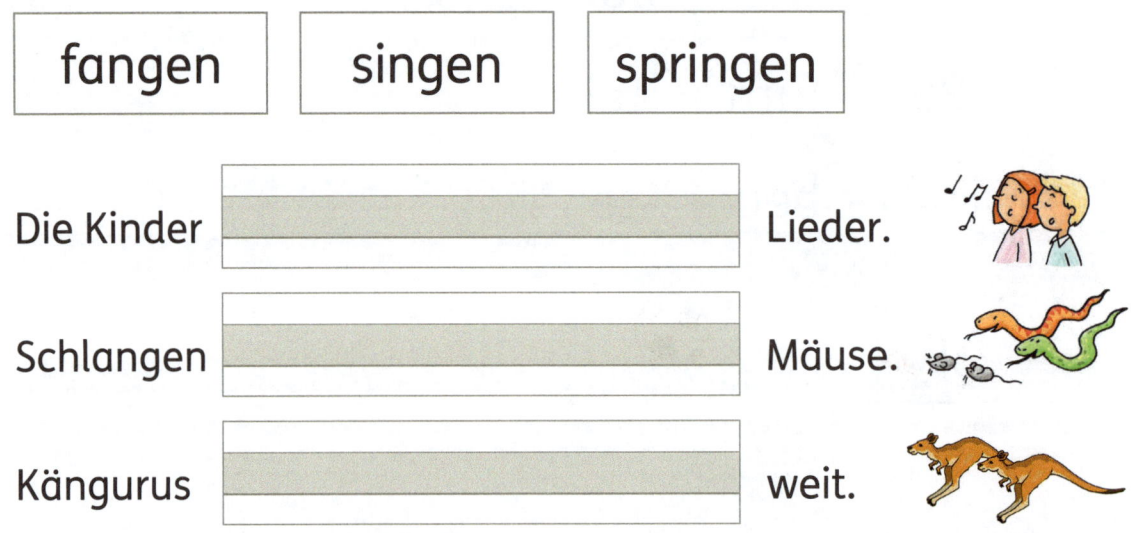

Die Kinder _____ Lieder.

Schlangen _____ Mäuse.

Kängurus _____ weit.

 **St st**    **Sp sp**

☐ **1** 🖉 Schreibe.

St st

Sp sp

Stift

Spaß

spielen

☐ **2** 🖉🖉 Welche Wörter findest du? Male an und schreibe.

Stift	Spie	Stem
Spin	pel	ne
fel	Stie	gel

Z z

1 🖊 Schreibe.

Zz .... Zz

Zug ....

zwei ....

2 👂 ✍ In welcher Silbe klingt Z, z? Höre und schreibe Z, z.

3 ✏️ 🖊 Wie heißt das Wort? Verbinde und schreibe.

Ze •	• bel	
Zwie •	• zen	
Zan •	• bra	
Her •	• ge	

Pf pf

☐ **1** 🖊 Schreibe.

Pf pf   Pf pf

Pferd

Apfel

☐ **2** 👂 ✍ In welcher Silbe klingt Pf, pf? Höre und schreibe Pf, pf.

☐ **3** ✏🖊 Wie heißt das Wort? Verbinde und schreibe.

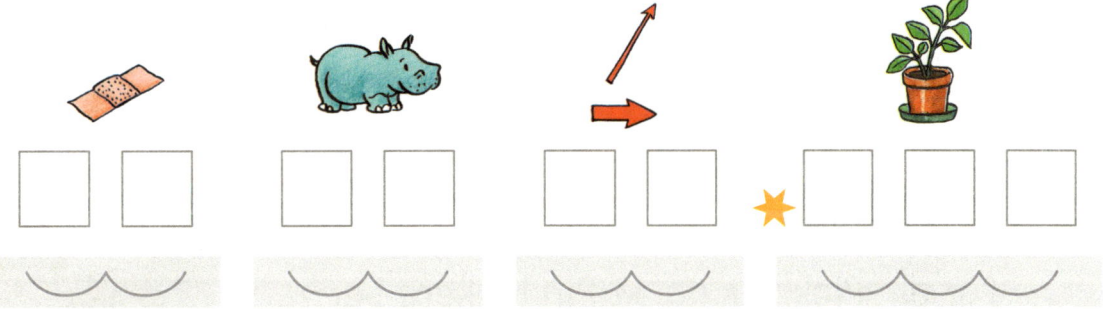

Pfer •	• men
Pflau •	• fe
Pfan •	• de
Knöp •	• nen

Y y  -ck

1 🖊 Schreibe.

Y y   Y y

Yoga

Pony

backen

Socke

2 🖊 Kreise (ck) ein.

Für ein Picknick packt Piri leckere Sachen
in den Rucksack und will es sich
auf weichen Decken ohne Mücken
schmecken lassen.

3 🖊 Wie heißt das Wort? Verbinde und schreibe.

Ba •	• ny
Ted •	• by
Po •	• dy

50

ÜBEN
Wörter schreiben

1 Schwinge, schreibe und markiere die Könige (Vokale).

das Pferd

brin**gen**

die Pflan**ze**

die Py**ra**mi**de**

der Ring

zei**gen**

der Zahn

das Ba**by**

dick

die Spin**ne**

die Stun**de**

stel**len**

spie**len**

lang

der Stift

der Rock

ÜBEN
Wörter schreiben

1 ⌣ ✏ 👑 Schwinge, schreibe und markiere die Könige (Vokale).

die Schlan**ge**

das Jahr

stark

sin**gen**

zehn

der Sport

zie**hen**

der Ted**dy**

wa**ck**eln

pfle**gen**

der Kopf

sie

der Stein

ÜBEN
Wörter schreiben

1 ✏️ Wie heißt das Wort? Verbinde und schreibe.

Jun •	• ga	
Pfer •	• ge	
Yo •	• fel	
Ker •	• de	
Stie •	• ze	

2 👂✏️ Diese Wörter reimen sich. Schreibe.

Wie ~~ge~~ ~~se~~ Rie Zan Zie se ge
Flie ge ge Schlan

Wiese

1 🖊 Schreibe.

Ä ä

X x

Qu qu

Bär

Hexe

quaken

2 👓 🖊 Aus A wird Ä, aus a wird ä. Lies und schreibe.

| Ball | Bänke | Apfel | Bank | Äpfel | Bälle |

ein _____   zwei _____

eine _____   zwei _____

ein _____   zwei _____

54

 **V v**  **C c**  **-tz**

1 🖊 Schreibe.

Vv

Cc

Vampir

viele

Clown

Spatz

2 ✏🖊 Welche Wörter findest du? Male an und schreibe.

Pul	Pop	ze
Vo	ver	gel
Pfüt	corn	lo

ÜBEN
Wörter schreiben

1 🖊 🖊 Schwinge, schreibe und markiere die Könige (Vokale).

der Quatsch

der Cent

quaken

das Mädchen

der Satz

sitzen

die Quelle

das Märchen

viel

der Vater

versuchen

die Hexe

der Computer

vor

56